AF597053

Catalogación en la publicación – Biblioteca Nacional de Colombia

---

Soto Aparicio, Fernando, 1933-
Cartilla para mejorar el mundo / Fernando Soto Aparicio ; ilustrado por Federico Neira. -- Bogotá : Editorial Magisterio, 2015.
p. : il. – (Colección Oso de Anteojos)

Incluye datos biográficos del autor al final del texto.
ISBN 978-958-20-1186-4

1. Cuentos colombianos - Siglo XX
2. Poesía colombiana - Siglo XX
3. Valores sociales – Cuentos
I. Neira, Federico, il. II. Título III. Serie

CDD: Co868.44 ed. 20 CO-BoBN– a958279

CARTILLA PARA MEJORAR EL MUNDO

FERNANDO SOTO APARICIO

ILUSTRADO POR: FEDERICO NEIRA

Colección Oso de Anteojos

CARTILLA PARA MEJORAR EL MUNDO

Diagonal 36bis no 20-70
PBX: 0571-3383605
Bogotá, D.C. Colombia
www.magisterio.com.co

ISBN: 978-958-20-1186-4

Diseño e ilustración: Federico Neira

... Creo que no exagero si aseguro que 95 de cada 100 habitantes de este planeta no se han preguntado jamás, completamente en serio, cuáles son las columnas sobre las que se apoya su vida, cuál es el eje de su existencia, para qué viven verdaderamente.

Del 5% restante, 2 se hicieron la pregunta hace años, y la olvidaron; otros 2 se mintieron una respuesta tranquilizadora. Y el otro, es el único verdaderamente hombre entre 100.

J. L. Martín Descalzo

En todo ser humano, por muy grande e intelectual que sea, hay siempre un niño abierto a la capacidad de admiración, sensible a lo esencialmente invisible para los ojos y que sólo se ve bien con el corazón.

Javier Gafo, S. J.

PORTAL

Propósitos

Puedes tener seis años o sesenta, nueve años o noventa, pero siempre estarás a tiempo para aprender la vida; una materia que, desafortunadamente, no se enseña en las escuelas, ni en los colegios, ni en las universidades.

La vida es una tarea en la que no se puede repetir el curso. Hay que hacerla bien, y sacar una buena nota. ¿Dónde la debes conseguir? En las cosas más simples: en los caminos que se abren delante de tus pasos y que hay que seguir para saber hasta dónde conducen; en el canto de los zagales que delimitan la heredad y guían el rebaño hasta la paz de los apriscos; en la puntualidad con que llegan todas las mañanas para que se puedan marchar todas las tardes; en la armonía del universo que es lo único que lo sostiene, y dentro de la cual tienen igual importancia el compás finito y casi inaudible de un hombre y la sinfonía de las constelaciones.

Comprenderás que la vida es una experiencia irrepetible y, por lo mismo, maravillosa. Somos relojes de arena y con cada segundo un grano rubio va de una parte a otra, desocupando la de la luz y llenando poco a poco la de la sombra, que podría ser solamente otra dimensión de la luz, que ahora no logramos explicarnos.

Para saborear la vida hay que compartirla y respetarla, porque es una aventura que no vendrá dos veces. Y si alguien arranca las páginas del libro de una vida que aún no se han escrito, está cometiendo un crimen imperdonable.

Viviendo sentimos que el sol es un pequeño pájaro amarillo que picotea en nuestra mano abierta, y que el viento tiene su propia voz y con ella nos despierta la imaginación y la voluntad de crecer hacia la plenitud; que las montañas suben en busca de los últimos silencios, y que en una pupila caben miles de estrellas así como en un beso puede caber todo el amor.

No hay una escuela donde aprender la vida; pero la vida es la mejor de las escuelas para aprenderlo todo: esa alegría que nos acompaña cuando ayudamos a otro, la satisfacción que nos llena al darnos a los demás, la sonrisa que nos ilumina después de sentir que somos útiles, que estamos en el mundo por una razón y que con nuestras acciones le damos validez y permanencia a esa razón de ser que nos explica.

Hay que aceptar que cada persona es moralmente autónoma, y que nadie puede obligarla a pensar en contra de sus propias convicciones; porque el valor de la igualdad se complementa con el valor de la diferencia.

Por eso, a tus seis o sesenta; a tus nueve o noventa, haz el propósito de ser cada día mejor, de abrirte a la comprensión y a la ternura, de ofrecer una mano franca y una palabra clara, de señalar caminos y construir paisajes y agrandar horizontes. Para que en el momento del balance final tengas más ganancias que pérdidas, y puedas saldar tu cuenta con la satisfacción de haber realizado con amor la misión que te encomendaron.

Aprende a dar y a compartirte: un pan que mantiene el cuerpo, una risa que alimenta el alma. Recuerda que una adecuada dosis de optimismo es el motor de todas las empresas, y que si llamas a la felicidad con insistencia acabará por contestarte.

Vive y ayuda para que otros vivan. Este Colegio inmenso de la Tierra necesita alumnos que lleguen puntualmente con sus cuadernos listos, con las ilusiones puestas en las pausas amables del recreo, y con los labios prontos para que, cuando los llamen a exponer su tarea, digan –con el pecho desplegado como una bandera–:

¡Presente!

Oración

Según una niña, el universo se formó porque en el principio del tiempo un dinosaurio negro que saltaba a la cuerda en la oscuridad, se golpeó contra sí mismo y estalló; y como tenía sangre de estrellas, la regó por la sombra y se formaron las constelaciones.

Otra dijo que seguro el universo procedía de un pájaro de alas inmensas, que puso un huevo del que no salieron garzas ni pollos sino planetas.

El más aplicado explicó que sólo existía el tiempo; y que de pronto no cupo dentro de sí mismo y saltó en pedazos, que luego se transformaron en nebulosas como horas y en luceros y lunas como minutos y segundos.

Y el último de la clase dijo que andando un mago por la terrible noche de antes de la luz, tropezó con una piedra meteorítica y el dolor lo hizo ver candelillas, y cada una de ellas se transformó en un mundo.

De todas maneras, Madre Tierra, aquí estás con nosotros; y nosotros estamos en ti.

Y te quiero pedir que nos perdones por lo que hacemos contigo, matándote los árboles que son nuestros hermanos mayores, quemándote la piel con plaguicidas y candelas, y envenenándote con saña la sangre milagrosa y fecunda del agua.

Al acabar con los árboles te dejamos sin respiración; llenándote la piel de ampollas de ceniza escribimos el comienzo de los desiertos, y al obturar las venas de tus ríos con el vómito de las ciudades y las fábricas te estamos preparando para la última catástrofe.

Durante miles de milenios, con una paciencia portentosa fuiste haciendo la vida. Formas, colores, dimensiones, todo lo ensayaste en busca de la perfección. De la lava de los volcanes a la gracia volátil de las medusas y de las anémonas; del cuarzo y el berilo y la esmeralda a la desmesura de las ballenas y los dinosaurios; de la ponzoña de los escorpiones a la dulzura de las cerezas y a los sueños de las muchachas, han pasado largas épocas de meditación y de silencio; y siempre has trabajado buscando mejorar los ensayos. Hasta que ahora comenzamos a destruirte.

Madre nuestra, mientras nos regalas amaneceres y tesoros nosotros sólo te sembramos muertos. Pero toda la muerte que recibes la transformas en toda la vida que nos brindas.

Y debemos entender que somos fruto tuyo, hijos de esa vida que engendraste y cuidaste desde hace millones de años; y también reconocer, para amarte todavía más, que eres un pequeño planeta del sol, que a su vez es tan sólo una mediana estrella entre los doscientos mil millones de soles que conforman la Vía Láctea, nuestra galaxia, que es sólo una entre cien mil millones de galaxias.

Por eso te prometemos cuidar de ti como a través del tiempo has cuidado de nosotros. Haremos nuevos surcos para que ayudes a que crezcan las cosechas, te sembraremos de árboles que te acaricien con sus raíces y te protejan con sus brazos, y respetaremos el agua para no morirnos de insolación y de tristeza.

Desde hoy te rezaremos una plegaria, que transformaremos en intención y acción para una comunión permanente:

> Madre Tierra, que estás con nosotros, disculpa lo que hacemos contigo, danos tu protección y tu cobijo, no nos quites la sombra de tus árboles, mitiga nuestra sed y ayúdanos a llevar nuestro cansancio. Y nosotros volveremos a ser niños para jugar contigo bajo la lluvia, modelarte con los dedos abiertos al asombro, y entender

que al final de la jornada amasarás con tus manos el barro de que estamos hechos, y nos aceptarás en tu seno como lo que siempre has sido: la Madre que todos los días sigue construyendo la vida.

Credo

Creo en el amor que hace posible la existencia del mundo, en el fruto cuya semilla es nada menos que el árbol de mañana, y en el surco que el hombre escribe en los cuadernos de la Tierra para que no le digan que no hizo su tarea;

Creo en la voz de las campanas cuando le dan un hasta luego a la tarde, en las palomas que no saben que les han cargado la paz a las espaldas, en las jaulas abiertas sólo habitadas por la libertad y la esperanza, en los hornos donde el pan se compacta con levaduras de fraternidad, y en el color de las lechugas que refrescan los huertos y las mesas;

Creo que el universo cabe en el lado derecho de mi corazón porque en el izquierdo apenas hay espacio para las personas que amo; creo que la vida es una aventura maravillosa que nos vamos contando mientras la escribimos a diario y que la imaginación se nos dio para que realizáramos los viajes que apenas nos atrevemos a desear, y que más allá de nuestra galaxia también hay seres que confían y niños que sueñan; y que las estrellas son los ojos con que nos mira la noche, y la luna es un caramelo de menta que algunos días casi se come por completo la boca glotona de la oscuridad;

Creo que me dieron un tiempo para construir mi vida, y por eso cada día debo poner un terroncito para guardar mi intimidad, cada mes abrir una ventana a través de la cual comunicarme con los otros, cada año hacer una habitación nueva donde me quepan los recuerdos, cada tanto sembrar una mata de albahaca para que me perfume las mañanas, cultivar una astromelia que me diga que los astros también destilan miel, o pintar una puerta del color del cielo para que las personas que lleguen hasta mí tengan la posibilidad de atravesarlo con su vuelo;

Creo que la bondad no solamente es posible sino fácil, y que el esfuerzo mejora el sabor del trigo y el beso maternal de las manzanas, y que si la lucha se hace con devoción y entusiasmo está completamente cerca del amor, y que con un poco de constancia y paciencia podré sentir que me vuelven a crecer dos alas en la espalda;

Creo en los que juegan conmigo en el recreo, en los que me esconden el balón para que no pueda anotar un gol, en los que trabajan a mi lado en la oficina o en la fábrica, en los que me dan la mano para que sepa que ya llegó la madrugada, en los que me ponen zancadilla cuando marcho al trabajo, en los que me ofrecen su pecho para que llore junto a su corazón, en los que me vuelven la espalda y siguen sin mirarme su camino; creo en mis amigos y en los que se consideran mis enemigos porque yo me considero amigo suyo, y en los que siembran un rosal o un hijo a sabiendas de que los dos les dejarán flores y espinas;

Creo en el mundo que nos dieron no para destruirlo sino para vivirlo, y en las cosas más simples como la rotación de los astros y más complejas como la manera en que las ciruelas se convierten en besos; creo que mi cuerpo es la casa donde vivo, el árbol por cuyas hojas corren mis torrentes de savia, el mar donde crecen mis volcanes ocultos y la flor a la que se me asoman los ojos que procuro mantener sin la turbia película del odio;

Creo que la felicidad es fácil y posible y que está en las cosas más elementales y sencillas, en amar al prójimo, en dejar que me amen, en desmontar los fusiles y utilizar los cañones para hacer acueductos, en poner en el tambor de todos los revólveres buscaniguas y luces de bengala, en cambiar en el corazón de las personas los sístoles de angustia por sólo diástoles de fraternidad y de esperanza;

Creo que soy parte de un todo infinito, y que desde mi vida y desde mi muerte soy un testimonio de la armonía universal, y una chispa pequeña pero importantísima del gran fuego cósmico que arde en el corazón de la eternidad.

NOVENA

Día para el RESPETO

(y la Disciplina, y la Honestidad)

adie: ni los padres, ni los profesores, ni los abuelos, ni los compañeros, había logrado que Pedrito cuidara sus cuadernos. Le decían: –Tus cuadernos merecen respeto, porque en ellos estás aprendiendo a conocer el mundo. Pero él los llenaba de rayas amarillas, verdes, negras, rojas, moradas. Y lo hacía con los de matemáticas y los de ciencias, con los que estaban destinados a explicarle la geografía de su país y los que destacaban nombres y hechos de los héroes.

Pedrito empezó también a rayar su pupitre. Decía que era su marca para que no se lo quitara nadie pero esto no pasaba de ser una disculpa, ya que en la clase todos respetaban el lugar de todos. Y rayó las paredes del salón que, en el lado donde se sentaba, se llenaron de líneas caprichosas que les daban un aspecto feo y sucio.

Su profesora de dibujo procuró enseñarle a administrar sus habilidades con las rayas. Por ejemplo, pintando líneas de tren, o esquemas de edificios, o proyectos de urbanizaciones. Pero él definitivamente sólo quería rayarlo todo. Y el asunto se volvió inmanejable cuando pintó líneas moradas en la pared color marfil del comedor de su casa, y agredió con trazos rojos, azules y verdes el color fresa pálido de su cuarto.

Le habían explicado que el respeto es, entre otras cosas, no incomodar a los demás; permitir que cada uno haga lo mejor posible la plana de vida que le colocaron desde antes de nacer; no poner una tachuela en el asiento de la profesora y no meter un sapo en el pupitre de la niña más tímida de la clase. Le dijeron que respetar es llegar a tiempo a las citas, al estudio, al trabajo; que es el orden tanto en la persona como en sus pertenencias; que es la disciplina, base del conocimiento y del progreso. Pero Pedrito se hacía el sordo, y de las rayas pasó a otras muestras de irrespeto que lo volvieron insoportable.

Una mañana, Pedrito despertó con la extraña sensación de que estaba atrapado entre líneas de colores. Quiso borrar las telarañas del mal sueño y se metió al baño para lavarse la cara, y entonces dio un grito que se oyó por todo el vecindario: en el espejo estaba su rostro, pero no el de siempre: lo cruzaban líneas de todos los colores, que habían convertido sus facciones en una maraña irreconocible y aterradora.

Nadie acudió a sus gritos. Por un momento pensó que aún se encontraba metido dentro de su pesadilla, y sacudió la cabeza, se pellizcó un brazo, se enterró las uñas para ver si despertaba; y lo único que pudo comprobar es que estaba despierto, y que se había quedado solo en esa casa que había rayado, posiblemente abandonado en un mundo al que irrespetó deformándolo en todas sus dimensiones. Y, asustado, empezó a llorar lágrimas de colores.

¿De colores? Se pasó la mano derecha por los ojos, y en realidad vio que el agua del llanto se teñía de púrpura, verde, azul, amarillo. Entonces, empinándose con miedo, se miró otra vez al espejo, y vio que el llanto borraba fácilmente las rayas de su rostro.

¿Quién lo había pintado? ¿Su madre, cansada de que no entendiera que debía respetar los cuadernos, los libros, su salón de clase, su alcoba, su propio cuerpo? ¿O quizás un duende de los que todavía le poblaban los sueños? Se echó agua, jabón, más agua, hasta que las líneas desaparecieron, y con ellas el miedo y el rechazo que había sentido hacia sí mismo.

Y desde ese día, Pedrito fue ordenado: un niño normal que dibujaba vacas color fresa, mandarinas color limón, soles azules y caballos de oro.

El respeto es disciplina,
limpieza, puntualidad;
eficiencia en el trabajo;
cumplir a cabalidad
con la palabra empeñada;
ejercer la honestidad;

no quitarle nada a nadie,
no agredir, no atropellar,
tener en orden el alma
y claro y franco el mirar.

Respeto a otro si le dejo
campo para respirar,
y si acepto su derecho
a vivir y batallar;
si le doy atento el mismo
trato que puedo esperar;
si no le corto el camino,
si no le robo su pan,
si no le arranco envidioso
la rosa de su rosal,
si no le piso la hierba
y no le quemo el trigal,
y si lo dejo que viva
mientras él me deja igual.

Lo respeto cuando puedo
verlo en la vida triunfar

sin ponerle zancadilla
para hacerlo tropezar.
Y me respeto a mí mismo
cuidando mi libertad
para que los otros tengan:
derecho, vida, igualdad.

Respeto a los que me enseñan
sabiéndolos escuchar;
y enseñando a los que me oyen
a no herir, a no robar,
a dar lo que justamente
corresponde a cada cual,
a saber reír a tiempo
y a tiempo saber callar.

Con el respeto se vive
cultivando la lealtad,
callando las confidencias,
cuidando la intimidad,
y permitiendo que todos
se dediquen a buscar

esa esencia tan difícil
que llaman felicidad.

Día para la LIBERTAD

(y la Verdad, y el Patriotismo)

En el huerto de la casa crecía un papayo que habían sembrado los tatarabuelos. Casi cuatro metros arriba del suelo los gajos se bifurcaban formando una especie de sillón, al que la niña solía subirse por las tardes llevando en el morral sus dos pasiones: una buena provisión de melcochas, y otra no menos abundante de libros. Saboreando las unas y los otros se le pasaban las horas. La panela batida hacía dulces las páginas, y las aventuras y desventuras que se sucedían capítulo tras capítulo hacían interesantes las melcochas.

No podía aún definir la libertad; todavía no había luchado para conseguirla, porque a la libertad hay que ir mereciéndola a lo largo de la vida, hay que construirla todos los días y defenderla de los detractores gratuitos y los cazadores empedernidos. Los unos la buscan para meterla a la cárcel y los otros para convertirla en una presa negociable. Oscuramente, la niña intuía que el hombre jamás logrará edificar una cárcel donde la libertad se quede quieta, y que tampoco la podrán comprar ni vender en los mercados turbios de la violencia.

Y aunque no encontrara palabras para poner en claro su sentido de la libertad, allí estaba viviéndola: en el horizonte amplio e iluminado que le abría la lectura, y en el dulce que le recordaba los trapiches, las pailas en donde hervía la sangre rubia de la caña, el olor del yaraguá y la voz cálida de las llamas. Y pese al buen sabor de la libertad no era egoísta con ella; entendía que sólo tiene sentido si es comprendida, y que la mejor manera de ser cada vez más libre es haciendo libres a los otros. La libertad, pensaba, es como la palabra, que una vez pronunciada o escrita ya no la borra nadie.

Sus padres se preocupaban, pensaban que la constante lectura podía atrofiarle los ojos, y no se daban cuenta de que las páginas le abrían los ojos del alma. Pero la voluntad de la niña (la voluntad es una llama cuya combustión es alentada y sostenida por la libertad) había acabado imponiéndose.

Sus lecturas le habían enseñado que una persona vale en la medida en que exija y practique la verdad, porque esta es la única forma que tiene para ser auténtica. La verdad rompe la máscara y descubre la cara, arranca el antifaz y deja que los ojos griten con su voz luminosa que no conoce la mentira.

Una tarde, la niña estaba metida en las aventuras de uno de sus libros favoritos; y no se dio cuenta de que la luz iba perdiéndose, porque en ese momento caminaba por las arenas de una playa desierta, recogiendo los besos de las caracolas en las que nunca muere la voz del mar.

Por la mañana bajó del papayo; y al entrar a la sala de su casa, sus padres se quedaron aterrados viendo la claridad que iba con ella. Ellos no lo entendieron porque ya habían crecido; pero la niña sabía que en los ojos se le habían metido todas las estrellas, y que ya nunca más abandonarían su corazón.

La regañaron un poco; y entonces supo que la libertad es preciosa pero no es infinita, y que va hasta donde empieza la de los demás. De todos modos desde sus breves años intuía que si una persona pierde la libertad, aun cuando sea dueña de muchas cosas ya en realidad no tiene nada.

También supo a través de los libros que si no poseía un pedacito de terreno donde sembrar un árbol, tenía en cambio una patria que era su casa grande cruzada por las venas de los ríos, surcada por el sistema nervioso de las cordilleras, con lagos como ojos llenos de cielos y cometas, que inventaba un horizonte detrás de otro, que tenía –como las líneas en la palma de la mano– muchos caminos que iban desde el pasado hacia la esperanza; patria de orquídeas y de gacelas, de llanuras inmensas como abrazos, de volcanes y cumbres donde vivía la nieve; con amaneceres y cosechas y con un corazón al que en vano intentaba envenenar una espesa corriente de amargura; patria que ella, con su pocos años y con sus compañeros de colegio, tendría que rescatar para devolverle su dignidad y su equilibrio, y para que fuera grato andar por sus veredas jugando a la lleva con el presente y descubriendo en qué rincones se escondía el futuro.

Siempre la libertad es la medida
del hombre, de su lucha y de su vida,
de sus anhelos y su realidad.
Navega por el cauce de las venas
y rompiendo prisiones y cadenas
nos enseña su grito: libertad.

Ruge en las celdas donde la aprisionan.
Perdona sólo a aquellos que perdonan
y escribe arengas de fraternidad.
Va recorriendo todos los caminos
y al aclarar conciencias y destinos
nos enciende su lumbre: libertad.

Si no nacemos libres, la buscamos
con un inmenso afán. Cuando la hallamos

no podemos perder su inmensidad.
Junto a nosotros su silencio grita;
bajo su impulso el corazón palpita
y la sangre reclama: libertad.

Vence los avatares de la muerte.
Si yo soy libre, libre puedo hacerte
y abrir tus alas a la eternidad.
Brilla con la limpieza de una espada,
y como una constante madrugada
nos alumbra la vida: libertad.

Si soy dueño de todo lo que ansío,
si no tengo riberas, como un río
que atraviesa el paisaje a voluntad;
y si estudio la vida y la comprendo
y si a dejar vivir también aprendo
es porque me enseñó la libertad.

Ser libre es hacer libres a los otros
que entonarán en coro con nosotros
un canto a la razón y la verdad.

¡Que se levanten todas las fronteras
y que en la Tierra crezcan sementeras
donde todos sembremos libertad!

Día para la AMISTAD

(y la Generosidad, y la Bondad)

Eran simplemente dos sauces. De esos que acompañan lo poco que va quedando de los ríos. De los que la gente del campo llama llorones, quizás porque siempre dan la impresión de estar un poco tristes. De los que reciben en sus brazos abiertos los pájaros que se mimetizan con el color de sus hojas, y que sólo podemos ubicar por el sonido con que llenan la claridad tibia de los atardeceres.

¿Alguien siembra los sauces? ¿O sólo nacen, como los sueños, sin necesidad de una mano que los plante? Sencillamente, habían crecido juntos. Y a medida que fueron tomando cuerpo sus ramas se acercaron, y los dedos abiertos de los gajos se dieron un saludo y se sintieron solidarios frente a los aguaceros y los ventarrones. Aprendieron a compartir sus nidos, donde la vida seguía siendo un milagro. De repente uno tenía más cantos; y entonces sacudía su cabellera verde y parte de esos trinos pasaban al otro, para que la alegría los iluminara por igual.

A veces discrepaban por cosas pequeñas: el volumen de la luna en el comienzo de los crepúsculos, la vecindad de los eucaliptos que no los dejaban dormir con el arrullo de sus palomas, la medida del calor en los mediodías o la intensidad del silbo de los arrendajos y de la huella que dejaban las mariposas dándole gracias al aire por sostener su vuelo. Pero en lo esencial estaban identificados: bajo la tierra sus raíces se buscaban y al encontrarse se acariciaban, se intercambiaban recetas de savia y susurros de cantos todavía no inventados por los pájaros. Lloraban de rocío por las mañanas, abanicaban en las tardes el paisaje y, muy en secreto, preparaban entre los dos el nacimiento de una fuente para mirar en ella cómo estaban de unidos.

Una noche, en el curso de una tormenta, un rayo cayó sobre uno de los sauces y le hizo perder el equilibrio. Y habría caído a tierra si no hubiera podido reclinarse sobre el árbol vecino. Cuando amaneció, el herido estaba sostenido por el otro, que pareció multiplicar sus gajos para acogerlo, casi para acunarlo contra su tronco poderoso.

Después de esa noche, en el almanaque luminoso del campo se han sucedido las primaveras y los otoños, las lluvias y los cálidos soles del estío. Y los árboles siguen ahora más unidos que nunca, como si fueran uno solo. Y al herido por el rayo su dolor no le duele, y al que lo ayuda a sostener nunca le pesa su cansancio.

Son dos buenos amigos.

Dame tu mano, amigo, y caminemos
alrededor del mundo y de la vida.
Nada nos detendrá
si la amistad es nuestra compañía.

Si a tu paisaje le hace falta un lápiz,
búscalo en mi morral. Quizás un día

te pediré una luz para mi angustia
y para mi pesar una sonrisa.

Amigo, compañero:
si somos dos será fácil la vía
que atravesando el valle de la Tierra
nos lleva a las praderas infinitas.

No todo es amargura,
ni todo es rebelión, ni todo es risa.
Tiempo hay para la clase y el recreo,
para la fiesta y la melancolía.

Pero existe una fuerza poderosa
que hasta de la maldad nos resucita:
es la amistad, el agua en el desierto,
luz que en el fondo del dolor palpita.

Ala tibia que impulsa nuestro vuelo,
voz que a la brega fraternal convida,

aliento que nos libra del cansancio,
mano que nos protege y que nos cuida.

Un amigo es lo mismo que un tesoro
es generosidad, es hidalguía;
es el espejo en el que contemplamos
en su cara feliz nuestra alegría.

Es dulce la palabra que nos salva.
Decir: amigo, amiga.
Con un escudo así, caminaremos
alrededor del mundo y de la vida.

Día para la TOLERANCIA

(y la Democracia, y el Diálogo)

La maestra les había cedido a los niños, por un día, el gobierno del Colegio. Los padres de familia no quedaron muy conformes porque pensaron que sus hijos propiciarían un desastre, o que por lo menos fomentarían el desorden. Pero la maestra sabía que la inocencia siempre acierta.

Y al rebaño blanco y uniforme llegaron múltiples solicitudes de admisión. Vino una oveja negra, otra oveja con su pareja, una oveja dispareja, una orgullosa oveja australiana, una que traía tres aretes en la oreja, otra reumática de tan vieja, una disfrazada con piel de lobo, otra que no comía hierba sino colaciones de arroz, y otra que pensaba que las ovejas eran todas dignas de ser trasquiladas por rematadamente idiotas.

Y vino un chico que amaba las rondas y gozaba lo indecible bailándolas; y otro que no creía en ninguno de los dioses y que pese a sus pocos años era tan escéptico que no confiaba ni en sí mismo; y uno que hablaba de manera distinta como si a todas horas estuviera haciendo crucigramas, y otros que jugaban a las escondidas entre los árboles del patio, o gritaban persiguiéndose en el juego de la lleva, o contaban con los dedos, con las calculadoras, con los ábacos, o escribían con el gis en la vieja pizarra de sus ancestros o luchaban contra los virus en las pantallas grises de los computadores.

Y llegaron unos con trajes campesinos que todavía tenían prendido el perfume emparamado de los frailejones, y otros con vestidos de ciudad que cambiaban de color como si estuvieran junto a los semáforos, y unos más que traían mantas de colores heredadas de sus abuelos indios, o restos de armaduras de los bisabuelos españoles, o candongas y tambores de los tatarabuelos africanos.

Los niños que gobernaban el Colegio los recibieron a todos porque aprendieron a escuchar, e intuyeron que el diálogo es el principio del entendimiento, que la palabra es la gran aliada de la aventura humana y que los vocablos no se deben usar para agredir sino para acercar, que no son cercas de alambre sino senderos de colores, que no hay que darles la contundencia de los golpes sino la suave forma de las caricias; y supieron que si los mayores en vez de esgrimir las armas utilizaran las palabras, la paz florecería en todos los corazones de la Tierra.

Al comprender que el diálogo es el cimiento de la democracia, convirtieron su entidad en una escuela de ciudadanía; y aprendieron que la vida es una sementera grande y hermosa que alcanza para todos. Hablando se entendieron, y entendiéndose se aceptaron, y aceptándose hicieron fácil el camino que las personas grandes hacían difícil. Afirmaron que hablar es el gran remedio para la incomprensión, y que si se conversara las guerras serían inútiles porque toda guerra es sólo el silencio de los resignados y de los cobardes. Y vieron que el valiente no es el que pelea en la guerra, sino el que lucha contra ella.

A la hora del recreo todos salieron a jugar al tiempo; y no importaron las distintas lenguas, ni las creencias diferentes, ni las opiniones dispares, ni los colores disímiles, ya que las discrepancias se volvieron coincidencias; y porque al ser todos biológicamente diversos resultaron humanamente iguales.

La maestra, desde el corredor, los miraba complacida; y supo que la experiencia había valido la pena.

Si todos somos iguales
ante Dios y ante la Ley,
todos somos diferentes
en el color de la piel,
en la voz, en el idioma,
en creer o no creer,
en poseer muchas tierras
o sólo deudas tener,
en habernos educado
o nada fijo saber,
en ser de izquierda o derecha,
en pelear, en comprender

y en llevar dentro del alma
poquita o ninguna fe.

Igualdad y diferencia
son hoy, mañana y ayer.
Como el tiempo es uno solo
nosotros somos también
por una parte distintos
y –no sabemos por qué–
singulares, parecidos,
tierra y aire, río y sed.

Y siendo sin duda iguales
y diversos a la vez,
¿cómo nos acercaremos?,
¿cómo vamos a entender
que el mundo nos pertenece
como nosotros a él?
Hablando. Tan sólo hablando
porque la palabra es
puente de un mundo a otro mundo,
suma de todo saber,

camino por excelencia
para andar y florecer.
Hablando nos entendemos
dice el pueblo, y dice bien.
Donde el diálogo establece
su tolerancia y su fe,
nadie se siente ofendido
y todos quieren ceder
dando y tomando razones,
oyendo otro parecer,
para que la vida sea
fácil de amar y aprender.

Día para la SOLIDARIDAD

(y la Convivencia, y la Igualdad)

La hormiga vio ante sí una gran extensión de agua; y, desalentada, dejó caer la hoja que transportaba a sus espaldas, y que pesaba seis veces más que su cuerpo. Tras ella otras hormigas hicieron lo mismo, y se ubicaron a la orilla de la corriente.

–No podremos pasar– dijeron.

Y entonces vieron a un grillo que cruzó el gran río de un salto y se quedó mirándolas, un poco burlón, desde el otro lado.

–Es sólo un hilo de agua– les dijo.

–Pero los obstáculos son diferentes según el ojo que los mire.

El grillo regresó y les propuso:

–Puedo pasar a dos o tres en mi lomo.

Las hormigas sabían que en la unión estaba su fuerza, y que si se dispersaban serían más fácilmente derrotadas por la adversidad. Por eso no aceptaron.

Tiempo atrás, el grillo había caído dentro de las páginas de un libro de ingeniería, de las que casi no logra salir. Mientras estaba aprisionado estudió varias cosas, porque sabía que todo lo que se aprende puede ser útil en algún momento de la vida.

Así que decidió ponerlas en práctica; y lo primero que hizo fue doblegar un tallo de esparto y colocarlo sobre la corriente. Luego dobló otros dos, y los tres quedaron como unos soportes paralelos. Las hormigas lo miraban, distraídas, hasta que de pronto entendieron sus intenciones. Y esforzándose, fueron colocando sobre el esparto algunas de las hojas que constituían su cargamento.

Una hormiga, más atrevida que las otras, avanzó por el improvisado puente con tan mala suerte que dio un paso en falso y cayó al agua. "Se ahogará", pensaron todas, y sintieron el dolor de la impotencia. Pero una araña que miraba las maniobras desde un pequeño arbusto seco, le lanzó un hilo largo y fuerte, y ella se agarró con todas sus fuerzas; y poco a poco fue trepando por él hasta quedar a salvo.

Habían podido pensar que lo más importante para que los seres puedan permanecer en comunidad, es que aprendan a convivir; y quizás en circunstancias menos apremiantes habrían comprendido que, desde que nace un ser humano, debe ser educado en el seno de su familia y en su Colegio para la vida ciudadana, que sólo es posible si se acepta la importancia capital de la convivencia.

Continuaron sumando esfuerzos; y otras hormigas, que habían llegado con su carga, ayudaron a colocar más hojas, astillas, virutas, hierba. Y pronto el puente fue una realidad, a la que contribuyeron la araña con su tela y el grillo con su diligencia y su voluntad de colaborar.

Las hormigas pasaron al otro lado del hilo de agua sin dificultad, y se dirigieron a sus hogares subterráneos con la carga de provisiones para el invierno.

Y entre ellas nunca dejaron de comentar cómo el trabajo que es imposible para un individuo, puede ser fácil y entretenido para un grupo.

Un solo grito no derrumba muros
pero mil gritos los derrumbarán.

Un árbol solo morirá en silencio
pero unidos un bosque formarán.

Una gota de lluvia se evapora
pero mil un torrente impulsarán.
Una corola muere, pero muchas
al formar un jardín florecerán.

Una hoja sola puede ser del viento
y sus renglones nunca gritarán,
mas con cien hojas se construye un libro
y muchos ojos lo recorrerán.

Una espiga se mustia en el invierno
pero espigas y espigas son trigal;
y de ellas en el fuego de los hornos
nace el milagro cálido del pan.

Un surco no se nota sobre el campo
pero todos un huerto trazarán,

y en los cuadernos de la primavera
una tarea fecunda escribirán.

Hombre y mujer construyen la pareja
y son futuro, luz, fraternidad.
Nada los desviará de su camino
andando juntos y sabiendo amar,
y tejerán los hilos de la vida
dándole formas a la eternidad.

Día para la JUSTICIA

(y el Trabajo, y la Esperanza)

Siempre lo habían llamado "chino de la calle". Cuando intentaba entrar a una tienda, lo corrían a escobazos; si se acercaba a una escuela, le cerraban las puertas; cuando se metía al silencio opaco de las iglesias, los curas vigilaban las alcancías de las limosnas; si se subía a los buses, lo bajaban antes del próximo paradero; al pararse frente a la vitrina de una pastelería, los dueños le uchaban los perros; los policías no sentían remordimiento al darle bolillazos para sacarlo de los zaguanes y de los quicios de las puertas donde se resguardaba contra el frío; si estiraba la mano huesuda y sucia hacia los transeúntes, se llevaban de inmediato la mano a la cartera, pero no para sacar una moneda sino para evitar que se la robaran; y si al pasar frente a un carrito de venta de frutas se quedaba mirando las mandarinas y los mangos, lo corrían echándole agua sucia.

Pero un día lo llevaron a un baño de baldosas blancas; le dieron jabón, champú, crema dental, y lo metieron (no con un empujón, sino con una tierna suavidad) en la ducha; una mano (no una garra de uñas largas sino una verdadera mano humana, con dedos de ternura) le revolvió la cabellera rebelde, le enjuagó los brazos escuálidos, se metió entre los dedos de sus pies que siempre habían andado descalzos. Después, otra mano igualmente maternal (el niño nunca había conocido una madre, pero debió tenerla porque no nació en un repollo) le cortó las uñas, lo peinó, le puso talco y lo vistió con ropa nueva: pantaloncillos, franela, bluyines, camiseta, medias y zapatos. Entonces el niño se miró en el espejo y se quedó asombrado, y por primera vez en los pocos años que llevaba sobre el mundo supo cómo iluminaba una sonrisa.

Después le compraron libros, cuadernos, lápices de colores y un morral. Le marcaron todo con su nombre (él nunca supo que lo tuviera porque siempre era "el chino"), y lo llevaron a un colegio. Tuvo un pupitre, compañeros de clase, un par de profesores y un tablero. Conoció la alegría de los recreos, y buscó en su lonchera lo que la persona que lo cuidaba (y que cuidándolo lo amaba) había colocado en la mañana, y saboreó manjares que antes apenas había probado en sueños.

Cuando regresó a su casa (por primera vez tenía algo diferente a la esquina y al zaguán de donde lo sacaban a empellones) encontró una bicicleta, y otra vez una presencia suave y amada le enseñó a pedalear, a tomar las curvas, a manejar los frenos.

Cansado de andar por las calles limpias del barrio, regresó; y tuvo una comida sobre el mantel, y después alguien lo subió a una alcoba donde había cama, lámpara, un libro en la mesita de noche y un beso en unos labios que no sintieron asco de su piel. Y oyó las palabras de un cuento murmuradas por una voz femenina de infinita dulzura, y poco a poco se le fueron cerrando los ojos, ya no de cansancio sino de felicidad.

¡Dios! Es una lástima que esto sea solamente un sueño. Pero qué bueno, y qué justo sería, que lo pudiéramos convertir en una realidad para todos los niños del mundo.

Si no te dan lo que te corresponde
es porque no funciona la justicia.
Si nunca se castiga al delincuente,
si no hay prisiones para el homicida,
si te meten la mano en los bolsillos,
si roban los tableros y la tiza,
si enferman de dolor los hospitales,
si las escuelas ahora están vacías,
si te quitan la tierra que trabajas,
si en el fogón no quedan ni cenizas,
si para aprisionar al combatiente
cercas de alambre y odio se utilizan,
si la frente cansada de la tarde
sobre un ángelus muerto se reclina,
si los disparos crecen por el campo

mientras que los maizales se marchitan,
si tus hijos sin patria se quedaron
es porque no funciona la justicia.

Si mientras tocas con amor el tiple
una bala cobarde te asesina;
si bebiendo la leche cotidiana
te recorren miradas fratricidas;
si tus manos reclaman el arado
y sólo encuentran una carabina;
si el azadón se oxida con el ocio
y los cuchillos cómplices se afilan;
si las mazorcas saben a masacre
y todas las manzanas agonizan;
si en tu sopa la sal no es necesaria
porque sabe a tu llanto y a tu ira;
si en las mañanas dice la metralla
una canción desaforada y cínica;
si se llevan tus hijos a la guerra,
es porque no funciona la justicia.

Si perdiste la casa de tus padres
y vives de milagro y de limosna;
si te cerraron todos los caminos
y tu cuerpo no puede sin su sombra;
si tus hijas perdieron la inocencia,
si tu vereda se ha quedado sola,
si mataron de miedo y de silencio
las serenatas para alguna novia,
si el pan ahora se remoja en sangre,
si la alcancía de barro yace rota,
si a los juguetes los mató un machete,
si ya el amor no baila por la alcoba,
si sólo se oye el trote furibundo
de la terrible y multiforme tropa,
si en las encrucijadas hay puñales
y ojos llenos de odio entre las hojas,
si ya no tienes vida ni esperanza,
si la violencia en tus ventanas toca,
si matan tu presente y tu futuro,
es porque la justicia no funciona.

Día para la LEALTAD

(y la Honradez, y la Responsabilidad)

El barro era dúctil bajo sus manos, y recordó un amasijo en el que había acompañado a la abuela. Es curioso, pensó la niña: allí amasábamos la harina, le dábamos forma, la metíamos al horno, y cuando la sacábamos se había convertido en pan; aquí hacemos lo mismo con el barro, y también debemos darle forma y meterlo al horno para que salga convertido en algo hermoso, una iglesia, una tinaja, una campana.

Los alfareros le habían dicho que el barro era especial, y que trabajarlo con las manos era indispensable. La niña pensó que, según lo que le explicaba su abuela, Dios había amasado el barro para hacer al hombre. Siempre le había interesado esa imagen de un Dios alfarero; no el que le enseñaban en el colegio, un Dios terrible que se había inventado el infierno. No, ella quería ese Dios cercano, diario, parecido a los hombres y mujeres que trabajaban el barro para continuar con el proceso permanente de la creación.

Sentía la suavidad de la tierra acariciada, y pensó que lo mismo sentiría la semilla cuando empieza a empujarla para que la deje salir y ser árbol y flor y fruto. En un momento la acometió la tentación de besar la mezcla que se le escurría entre los dedos y la acercó a la cara, y notó el olor mineral que le despertó por dentro extrañas resonancias fraternales, como si esa tierra de alguna manera fuera ella misma y, también, los hombres y mujeres que la habían precedido a lo largo de los milenios de la historia.

"Esa unión con la harina", le había dicho la abuela, "es la lealtad que el ser humano tiene con los elementos, con los animales y los árboles, con los minerales y los relámpagos, porque todos hemos nacido de la Tierra". Y también recordó los consejos de esa mujer a la que consideraba sabia porque había vivido mucho, no de una manera lineal e intrascendente sino repartiéndose, asumiendo sus responsabilidades, haciendo el bien, dándose a los demás, compartiendo lo que tenía:

La lealtad –le había dicho– implica un compromiso, y es una de las virtudes más hermosas de una persona. Si te dicen que eres transparente como un vaso de agua, te están diciendo que no tienes recovecos de traición, arrugas de hipocresía, residuos de maldad. Ser leal es ser confiable, recta, permanente; es abrir el alma como el horizonte cuando le llega el milagro puntual de las mañanas. Y si un día te enamoras, acepta que ser leal es ser limpia, es poderte mostrar por completo sin tener que ocultarte con vergüenza detrás de un trapo sucio. La lealtad y la fidelidad son primas hermanas y eso lo entenderás cuando ames, porque no querrás lastimar a la persona amada, y la traición duele como el mordisco de un perro que ataca por la espalda.

Lo recordó ahora, y presionó su boca sobre el barro y dejó en él impresa la huella de sus labios. Después los alfareros, que la miraban con el afecto de la gente sencilla que es gente sin doblez, metieron al horno los objetos en que habían estado trabajando.

Y tiempo después, cuando el fuego había purificado la materia y le había dado consistencia y color, sacaron los trastos que colocarían en los mercados: vacas, campanas, ollas, chorotes, una plaza de feria, unas iglesias. Y entre todo ese material, también sacaron un beso.

Era el trabajo que había hecho la niña. Y era la forma que ella tenía para ayudarle a su Dios alfarero en la tarea permanente y maravillosa de seguir construyendo el mundo.

La lealtad es confiar en los otros
y sin miedo ni angustia vivir;
es tender en silencio las manos
y encontrar en el alba un jardín;
es tranquilo volver las espaldas
sin temores oscuros sentir;
es abrir las pupilas del alma,
por caminos diversos partir,
y saber que después volveremos;

y en buscar el amor insistir,
y saber que lealtad es por siempre
entender, aceptar, compartir;
no temer si en su fondo el espejo
sin disfraz nos permite existir,
y mirar a la vida de frente
porque no le quisimos mentir.

Ser leal es ser limpio en el cuerpo,
en el alma, la fe y la razón;
es oír con agrado y respeto
al que canta su propia canción;
caminar con el ritmo que lleva
en su paso menudo el amor;
dar un beso sintiendo en la boca
un sincero temblor de emoción,
y saber que en la piel de las manos
la caricia deshoja su flor.

Es saber compartir la belleza
y tener una clara bondad;
es llevar en los brazos abiertos

–como un árbol frente al vendaval–
nidos llenos de sol y ternura,
de esperanza y de tranquilidad,
y entregar lo mejor de la vida
en el beso dorado de un pan.

Ser leal es mostrar lo que somos
y tender una mano cordial
que propicie una dulce alegría
y una fresca y hermosa amistad.

Hallaremos la huella perdida
en los turbios pantanos del mal,
si en el pecho llevamos un niño
inocente, travieso, ejemplar,
que nos muestre la senda adecuada
y nos mande con voz fraternal
lo que haremos unidos y leales:
avanzar, avanzar, avanzar.

Día para el AMOR

(y la Ternura, y la Fidelidad)

Cuando me haya ido recordarás que solíamos caminar bajo la lluvia tomados de la mano, metiendo los zapatos en los charcos, soltándonos a veces, abriendo los brazos como si voláramos a través de los hilos del agua; que amábamos las carreteras solitarias donde espantábamos los perros vagabundos con la música de los boleros, o bajábamos a abrazarnos bajo los árboles y a desafiar las zarzas para robarles las moras, pintarnos los labios y después despintárnoslos a besos; que nos divertía la mirada curiosa o agresiva de los otros, a quienes sorprendía y parecía ofender nuestra diferencia de edades, e imaginábamos sus comentarios amparados en la seguridad de que nunca adivinarían cómo eran de sabias nuestras sesiones de pasión y de gratificantes nuestros largos espacios de ternura.

Recordarás todo eso cuando me haya ido: mi incapacidad para manejar los computadores y cualquier elemento electrónico o mecánico, y la forma como me golpeaba con el martillo cuando intentaba clavar una tachuela, y el ruido de aguacero de mi máquina de escribir a las dos de la madrugada, y mi manía de preguntarte siempre qué querías, si te dolía el cuerpo o el alma, y los poemas que escribí a lo largo y a lo ancho de esos años, y mi ineptitud para manejar una cámara fotográfica porque en todos los retratos que te tomé te dejé sin cabeza, y mi forma de plagiarte los cuentos que me susurrabas al oído cuando nos sentíamos profundamente niños y nos dolía deliciosamente la inocencia.

No podrás olvidar cómo bajabas por mi piel igual que un repentino río por la dura epidermis de un desierto, y cómo te detenías en cada uno de mis poros sembrando una caricia para la cosecha futura de la plenitud, y la sensualidad con que tus manos trabajaban mi cuerpo como si fuera de un metal dúctil o de una miel que iba endureciéndose de suavidad, y el sistema de telegrafía sin hilos con que tus manos me ponían telegramas de un brazo al otro brazo, y el sabor del agua de la ducha que solíamos beber después de que había transitado por los caminos de la piel donde fuimos dejando mojones de felicidad y de alegría.

Cuando me haya ido, cada minuto de la vida te sabrá al infierno de mi ausencia del que sólo te salvará tu voluntad de recordarme, y con cada una de las pausas de tu corazón pronunciarás mi nombre, y andarás de puntillas por tus sueños anudando mi memoria a tus manos para que revivan la llama que no apagará nadie. Y me oirás diciéndote que no te hicieron de barro como a todos los seres humanos, sino de astillas de luz, de la fragancia de las bugambilias, de los compases de la música y de los siete hilos que tejen la poesía del arcoiris.

Pero ahora que todavía no llega la hora de marcharme dejemos que el cielo de esta noche nos quepa entre los ojos, silenciemos los labios para que las palabras de pasión sólo las diga el alma, bajemos el volumen de la música y oigamos cómo corren sangre y vida bajo la epidermis, encendamos una pequeña vela que huela a hierbabuena y a vainilla para que su perfume haga juego con el olor especial de nuestros cuerpos, y bendigamos a Dios porque nos dio mirada para vernos, y tacto para que no nos perdamos nunca, y voz para arrullar la inevitable nostalgia del futuro, y manos para que el olvido sea imposible porque aun cuando una vez estemos lejos siempre podremos reconstruirnos mutuamente a través del recuerdo.

Paso a paso el amor llega
y su luz lo inunda todo.
Toca un tambor de alegría,
prende la risa en el rostro,
sopla una flauta de millo,
baila en el viento de agosto,
canta con los ruiseñores;
cruza el cielo de los ojos
como una cometa roja;

sabe a vino y heliotropos,
repica en los campanarios
y con un ímpetu loco
agranda los horizontes
desde un polo hasta otro polo
para que los dos seamos
no tú y yo sino nosotros.

Si escuchas en la noche una palabra
que suena como el alma de la música
y ves que entre las manos te florecen
girasoles, luceros, giralunas;
si temblando despiertas en el alba
y te queda en la boca la imprecisa
huella del beso de pasión que diste
quizás soñando a una presencia esquiva;
si lloras de repente sin motivo
y sin saber por qué gritas de júbilo,
y si aun estando a pleno mediodía
sientes la vibración del plenilunio;
si te parecen fáciles y abiertos
a la libre aventura los caminos

y echas a andar sin miedo hacia adelante,
es sólo que el amor está contigo.

Si son buenas las personas,
si son dulces las palabras
y sabes que a todas horas
te está floreciendo el alma;
si de las manos te nacen
sin esfuerzo las caricias,
y lo mismo que las aves
cantas saludando el día;
si te miras en el pozo
que forma el agua del río
y ves que tienes el rostro
feliz, despejado y limpio;
si te abrazas al silencio
y sobre tu piel desnuda
van caminando los sueños;
si la nostalgia te busca
y si lloras sin motivo;
si abres los brazos pensando
que de ti nacen caminos
que no conocen cansancio;

si la vida te sonríe
y la sientes a tu lado
y el mundo es bello y es simple,
es que estás enamorado.

Por eso en plena noche espera y calla
y escribe una canción como un poema,
y sentirás llegar la madrugada
a coronar la frente de la Tierra.
Y deja, como el agua llena el vaso
y se adapta al cristal que la contiene,
que el amor se convierta en el milagro
que te alumbre la vida para siempre.

Día para la PAZ

(y el Optimismo, y el Esfuerzo)

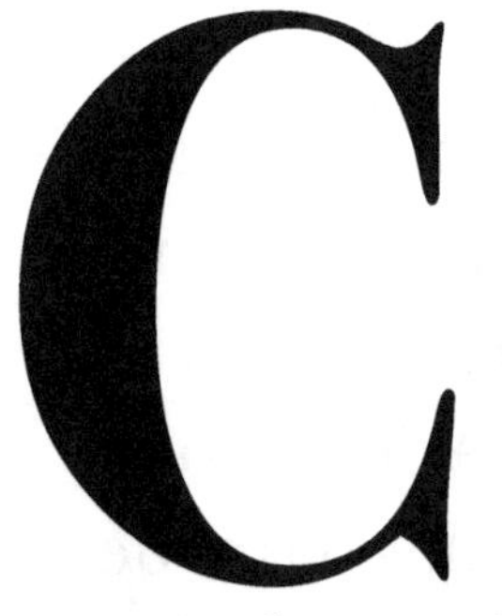

ada uno de los niños recibió como regalo un tiple de juguete. Los hacían prácticamente iguales a los de verdad, sólo que más pequeños. En la mitad del patio empezaron a tocar sus instrumentos como habían visto que hacían los mayores en los paseos de diciembre o en las frecuentes rumbas del fin de semana. Y sin saber cómo se dejaron ganar por el egoísmo, porque si uno cantaba el himno del colegio otra lo atajaba con los compases de "Yo soy la gatica Carlota, mi novio es el Gato con Botas"; y más allá surgía la queja del que perdió su cucharita de hueso, o los versos infantiles colocados al Submarino Amarillo: "Amarillo se puso mi papá, cuando le mostré las notas de este mes"; o uno intentaba cantar el Pirulino y cuando lo mordía una perra una chica seguía con "Micifú, Micifú, por tu amor estoy fu-fú"; y no faltó el niño que recordó los versos del rosario como "El trece de mayo la Virgen María", mientras dos o tres de los más adelantados armaron un coro con los animales marinos de una canción a la que hizo famosa Piero.

Los pequeños empezaron a llorar, y pronto se olvidaron de los tiples y de cualquier cosa parecida a una canción; los que iban en cursos adelantados y se consideraban más fuertes principiaron a abusar del poder, y desplazaron a sus compañeros hacia los corredores laterales.

Dos o tres intentaban poner orden, pero nadie les hacía caso. La tensión subió al máximo cuando un par de chicos se empujaron dejando a un lado sus instrumentos y preparándose para los puñetazos. Y a estas alturas nadie recordaba cómo había empezado el disgusto.

Ya no cantaban. Unos gritaban "Nadie es eterno en el mundo"; otros ya mayorcitos aceptaban que "el mundo fue y será una porquería"; unas niñas que no podían saber qué eran los celos, cantaban "Celosa"; y dos muchachitos que presumían de malencarados aullaron los versos de "Sonaron cuatro balazos a las dos de la mañana".

De repente se oyó una voz que cantaba "La gallinita Josefina". Y cuando llegó a decir que "se volvió loca por el *twist*", algunos le pusieron cuidado, movieron las manos y las caderas y se entusiasmaron con el son. Unas niñas cantaron "Había una vez una iguana con una ruana de lana" y el movimiento continuó, un poco más uniforme y con mayor cantidad de adeptos.

Los que habían dejado sus tiples abandonados los recuperaron, y empezaron a poner interés en una letra graciosa que hablaba de que de la China, o de Catanga, o quizás del Congo, llegó el Alibombo; y con estas estrofas había renacido el ritmo, y ya ninguno estaba quieto.

Los que se habían marchado a los corredores, regresaron; tomaron sus instrumentos de juguete y, aunque ninguno sabía de música, tampoco tuvieron necesidad de interpretarlos magistralmente, porque los sonidos del tiple eran de mentiras y apenas se escuchaban con las grandes orejas del corazón. Cantaron de nuevo al Alibombo, las desventuras de Josefina, el romance de la Gatica Carlota, y le metieron alma a la voz para que sonara como nunca, no sólo dentro del patio del Colegio, sino en todos los patios de todas las casas y en todos los Colegios del mundo.

Y entendieron que hacer la paz, es muy fácil: basta con estar de acuerdo para ponerle música a la vida.

Se construye la paz sembrando trigo,
abrazando a una novia o a un amigo.

Se consigue empuñando un azadón
y dándole cabida a una canción
en la memoria y en el corazón.

Encendiendo en la noche una fogata
que caliente dos cuerpos enlazados,
y acompañando a los enamorados
en la nostalgia de la serenata.

Si se convive el campo es más fecundo
porque el trabajo llama a la alegría,
y hace que cante y que florezca el mundo
y que la paz sea el pan de cada día.

Se levanta la paz si está en pedazos
para reconstruirla entre los brazos,
y se lleva a pesar de la metralla
como se cuelga al cuello una medalla.

La paz alumbra los amaneceres,
sabe a diciembre y sol en los mortiños;
crece en las manos simples de los niños
con la complicidad de las mujeres.

Hila silencio y luna en los bohíos,
ilumina colinas y barrancos;
y a las ofensas y los desafíos
siempre responde con los ojos francos.

La paz huele a clavel y a flamboyanes,
tiene pulpa dorada de ciruela.
Su sabor es el mismo de los panes
que amasaban las manos de la abuela.

Brota donde comienza la heredad,
crece en el compromiso y la igualdad
y se alimenta con la libertad.

Esparce el humo azul de los fogones
que calientan las casas campesinas.
Puede ser canto como los gorriones.
Sabe volar como las golondrinas.

La paz es el esfuerzo, el optimismo,
es levantar las manos en un vuelo

de palomas que saben que uno mismo
hace en el corazón su propio cielo.

La paz es una amiga que nos cuida.
Ella es nuestro silencio y nuestra voz.
Y si sonriendo andamos por la vida,
va caminando con nosotros Dios.

COLOFÓN

Recomendación para todos los días

Si tienes un amor, cuídalo pero no lo amarres; cultívalo cada día como si fuera el primero y el último; acepta con alegría el compromiso que implica amar, y no lo ensucies con la aventura barata de una traición; déjale crecer sus alas y enséñale cómo se manejan, para que después haga sus propios vuelos; no lo encierres en una ceremonia ni en un código ni en un chantaje, porque la esencia del amor es la libertad; no lo obligues a que te ame, pero gánatelo; no lo asfixies porque el amor necesita su propio aire para sobrevivir; no lo condiciones ni lo sobreprotejas ni lo limites, porque lo convertirás en un rebelde o en un inútil; acepta que la fidelidad es una opción hermosa y que, como un cristal, se rompe con cualquier descuido y ya jamás podrá reconstruirse;

Si tienes un hijo enséñale a convivir, háblale de la importancia de ser para los demás, de abrirse hacia los otros porque al ser humano lo define y lo ubica su voluntad y su necesidad de comunicarse; dile que no es saludable convertirse en una casa cerrada porque lo que tiene por dentro se irá llenando con el moho de la soledad, pero que también es importante proteger una parcela de privacidad donde pueda quitarse los disfraces y ser completamente auténtico; vigila sus primeros pasos pero déjalo que tropiece para que aprenda a caminar en la vida; enséñale a amar a su país por encima de todo, a respetar la Tierra de la que hemos nacido, y a cuidar el agua para que la sed no nos mate el futuro; muéstrale cómo el árbol es hermoso y fraternal y próximo, y dile que mirándolo crecer entenderá su propio crecimiento; y cuando se vaya –porque todos los hijos se van– haz como con los aviones de papel que fabricabas cuando niño: dale el impulso, y míralo volar libremente hasta perderse en un cielo diferente al tuyo;

Si tienes un trabajo acepta que debes hacerlo con entusiasmo y con amor, porque le da un sentido al tiempo que te adjudicaron para vivir; entrégate a una causa y aprende a defenderla, sin que eso quiera decir que tus ideas son las únicas válidas; por el contrario, permanece abierto al cambio, porque los seres y las cosas constituyen con su existencia una dinámica constante, y nada se detiene, nada es para siempre; si aprendes, abre tu inteligencia a todos los rumbos y escoge el que creas que te conviene y para el que tengas vocación; si enseñas, dale a cada uno de tus alumnos lo mejor de ti mismo, y muéstrales con tu ejemplo cómo la vida debe convertirse en un canto, en una búsqueda permanente de la felicidad, en una aventura plenificante y magnífica;

Si tienes un sueño no lo dejes morir, consiéntelo como quizás cuidaste los animales desvalidos en tu infancia, un canario que se cayó del nido y al que alimentaste con alpiste y afecto, un pez que se estaba ahogando en el aceite de un río y al que le diste un poco de agua limpia, un arbusto que arrancó la tormenta y al que le volviste a meter los pies entre la tierra; soñar no cuesta nada y ayuda a que la imaginación no se detenga, y con ella puedes hacerlo y conocerlo todo;

Si tienes una vida no la pierdas porque no habrá segundas partes; date por las mañanas un abrazo, atrácate de buenas razones para triunfar, pégate dos mordiscos de ternura y sal a la calle con una armadura de optimismo; comparte con los otros tu pan y tu esperanza, y entiende que si te detienes el tiempo acabará por empujarte. Si escribes, que tus palabras sean como disparos de paz y de fe que se conviertan en bengalas que iluminen la noche y rescaten a los que se han perdido; si pintas pon en cada uno de tus paisajes esa luz infinita que es sólo la sombra de Dios; si esculpes, que cada golpe sobre el mármol o la piedra palpite sin cansancio hasta lograr una obra definitiva; si simplemente vives, haz de cada momento algo especial, llénate de razones para amarte, acepta el mundo que te dieron, besa la mano que te hiere, para desarmarla, busca el equilibrio entre la verdad, el amor y la libertad, y construye la paz con tus diarias contribuciones de comprensión y de ternura.

Y recuerda que si todos nos esforzamos, habremos mejorado el mundo.

Fernando Soto Aparicio (1933)

Nació en Socha (Boyacá, Colombia). Tiene una de las obras más extensas y reconocidas de la literatura colombiana que incluye todos los géneros. Ha ganado el Premio Selecciones Lengua Española (1969), el Premio Casa de las Américas (1970) y el Premio Ciudad de Murcia (1971), entre muchos otros.

www.ingramcontent.com/pod-product-compliance
Lightning Source LLC
LaVergne TN
LVHW052043160826
845678LV00015B/3100

* 9 7 8 9 5 8 2 0 1 1 8 6 4 *